PUENTES Y FRONTERAS

BRIDGES AND BORDERS

Bilingual Press/Editorial Bilingüe

General Editor
    Gary D. Keller

Managing Editor
    Karen S. Van Hooft

Associate Editors
    Karen M. Akins
    Barbara H. Firoozye

Assistant Editor
    Linda St. George Thurston

Editorial Board
    Juan Goytisolo
    Francisco Jiménez
    Eduardo Rivera
    Mario Vargas Llosa

Address:
Bilingual Press
Hispanic Research Center
Arizona State University
P.O. Box 872702
Tempe, Arizona 85287-2702
(602) 965-3867

PUENTES Y FRONTERAS

BRIDGES AND BORDERS

Gina Valdés

**translated from the Spanish
by Katherine King and Gina Valdés**

Bilingual Press/Editorial Bilingüe
TEMPE, ARIZONA

© 1996 by Bilingual Press/Editorial Bilingüe

ISBN 0-927534-62-2

Library of Congress Cataloging-in-Publication Data

Valdés, Gina, 1943-
    [Puentes y fronteras. English & Spanish]
    Puentes y fronteras = Bridges and borders / Gina Valdés ;
  translated from the Spanish by Katherine King and Gina Valdés.
        p.   cm.
    ISBN   0-927534-62-2 (alk. paper)
      1. Hispanic American women—Poetry.   I. King, Katherine Callen.
    II. Title.
    PS3572.A386P84 1996
    811'.54—dc21
                                                                96-35468
                                                                CIP

PRINTED IN THE UNITED STATES OF AMERICA

Cover design by John Wincek

Acknowledgments

Major new marketing initiatives have been made possible by the
Lila Wallace-Reader's Digest Literary Publishers Marketing Develop-
ment Program, funded through a grant to the Council of Literary
Magazines and Presses.

Partial funding provided by the Arizona Commission on the Arts through
appropriations from the Arizona State Legislature and grants from the
National Endowment for the Arts.

Puentes y fronteras was originally self-published, printed by Castle
Graphics, Los Angeles, 1981.

Some of these poems have appeared in the following publications:

Under the Pomegranate Tree: The Best New Latino Erotica. New York:
    Pocket Books, 1996.

(Acknowledgments continue on page 82.)

PUENTES Y FRONTERAS

BRIDGES AND BORDERS

Despierto escribiendo coplas

porque me gusta cantar y contar, porque es el deseo reprimido de todo poeta, porque pocos pueden leer pero muchos pueden oír, porque la rima acaricia la testa dura, porque una forma que ha perdurado ocho siglos en Europa y América, en la ciudad y en el campo, en la universidad y en la fábrica, algo tiene de útil y de magia; aunque no todo lo que perdura es bueno—ahí están la frontera, la migra, el ego, la bella durmiente, la bruja mala—porque como decía Sor Juana, simón que sí me como esa manzana.

I Wake Up Writing Coplas

because I like to sing and tell, because it's the
repressed desire of every poet, because few know
how to read but many can hear, because rhyme
caresses hard heads, because a form that has
endured eight centuries in Europe and America, in
city and country, in university and factory, has
something both useful and magical; though not
everything that lasts is good—there's the border, la
migra, the ego, sleeping beauty, the wicked witch—
because as Sor Juana said, yes, sí, simón, of course
I'll eat that apple.

1

Hay tantísimas fronteras
que dividen a la gente,
pero por cada frontera
existe también un puente.

1

There are so many borders
that divide people,
but for every border
there is also a bridge.

2

Anoche vi a la llorona
en las tinieblas llorando,
hoy cuando amanecía
la divisé suspirando,
más tarde que el sol relumbre
la escucharemos cantando.

2

Last night I saw la llorona
weeping in darkness,
today at dawn
I spied her sighing,
later when the sun shines
we'll hear her singing.

3

¿Por qué llora la llorona?
muchos han preguntado;
¿no será porque es mujer
y tantos la han maltratado?

4

La llorona de la noche
cerca de aquí anda vagando,
mientras sus hijos no coman
por ahí seguirá penando.

3

Why does la llorona weep?
many have asked;
could it be because she's a woman
and so many have abused her?

4

La llorona of the night
wanders close by,
as long as her children go hungry
she will continue to grieve.

5

Por ahí anda la llorona
muy cerca de la frontera,
que proteja al mexicano
y a la migra la detenga.

5

There goes la llorona
walking near the border,
may she protect Mexicans,
may she stop la migra.

6

Necesitan tu trabajo,
tú necesitas comer,
la frontera sólo sirve
para fregar y barrer.

6

They need your work,
you need to eat,
the border serves only
to scrub and to sweep.

7

La posición de la migra
ya la tenemos bien clara,
si necesitan trabajo
al obrero dan entrada,
y cuando no necesitan
lo botan de una patada.

7

La migra's stand
we know all too well,
if they need labor
they let workers in,
when they don't need it
they boot them out.

8

Como todo mexicano
conoces muy bien tu historia,
que esta tierra que era tuya
está siempre en tu memoria.

8

Like all Mexicans
you know your history well,
that this land was once yours
is always in your thoughts.

9

Entre las dos Californias
quiero construir un puente,
para que cuando tú quieras
te pases del sur al norte,
caminando libremente
no como liebre del monte.

9

Between the two Californias
I want to build a bridge,
so whenever you wish
you can cross from south to north,
walking freely
not like a wild rabbit.

10

Para cruzar la frontera
andas por una vereda
que no está llena de flores,
está cubierta de yerba,
yerba mala, mala vida
la que te trae por la senda.

10

To cross the border
you walk on a trail
not full of flowers
but covered with weeds,
mean weeds, mean life
that places you on this path.

11

El día que te pregunté,
—¿Por qué cruzaste el alambre?
Bien rápido respondiste,
—El hambre, querida, el hambre.

11

The day I asked you,
"Why did you cross the border?"
Swiftly you answered,
"Hunger, sweetheart, hunger."

12

Injusto que es este mundo,
miseria por todas partes,
riquezas, tantas riquezas
y tan mal que se reparten.

13

En todas partes del mundo
la gente se está quejando
con palabras y con rifles
el pobre está reclamando
el pan que le hace falta
que al rico le está sobrando.

12

So unjust this world,
misery everywhere,
riches, so many riches,
so badly distributed.

13

Throughout the world
people are protesting
with words and rifles
the poor are demanding
the bread they lack,
the rich man's excess.

14

El mismo cuento de siempre,
eso es lo que está pasando,
unos siguen oprimiendo
y otros se siguen dejando,
y otros que no se dejan
pasan la vida luchando.

15

Si los agresores tienen
armas para combatir,
nosotros también tenemos
maneras de resistir.

14

The same old story,
that's what's happening,
some keep oppressing
and others keep allowing it,
those who won't endure it
spend their life struggling.

15

If oppressors have
arms to attack,
we also have
ways to resist.

16

Por todos lados intentan
impedirnos trabajar
por un futuro mejor
pero no pueden parar
el agua fresca del río
que va corriendo hacia el mar.

16

On all sides they try
to stop us from working
for a better future,
but they cannot stop
the river's cool water
running toward the sea.

17

Moreno de Michoacán,
moreno del otro bando,
te voy a arreglar papeles
para que estés a mi lado.

17

Dark one of Michoacán,
dark one of the other tribe,
I'm going to fix your papers
so you can be at my side.

18

En los campos de los valles
aran hombres sudorosos,
hombres con espaldas fuertes
y los corazones rotos.

18

In the low-lying fields
sweaty men plow,
men with strong backs
and broken hearts.

19

Buscando una nueva vida
a California has venido,
en los campos el trabajo
y los placeres conmigo.

19

Looking for a new life
you have come to California,
for work in the fields,
for pleasures with me.

20

El día que te conocí
juntando uva morada,
entre racimo y racimo
sentí que me enamoraba,
el calor me adormecía,
tu mirada me mareaba,
si sigo juntando uva
quedaré atolondrada.

20

The day that I met you
picking purple grapes,
moving between clusters
I slowly fell in love,
the heat made me sleepy,
your glances made me dizzy,
if I keep picking grapes
I will end up giddy.

21

Las margaritas del campo
que con el viento se mecen
parece que están bailando
cada vez que tú apareces.

21

The daisies of the field
that sway in the breeze
look like they're dancing
whenever you appear.

22

Si la migra te sorprende
y trata de deportarte,
diles que ahorita no puedes
que aquí tienes que quedarte,
que si te vas se marchita
la lechuga que sembraste
y una poeta chicana
de la cual te enamoraste.

22

If la migra takes you by surprise
and tries to deport you,
tell them you can't just now,
that you need to stay here,
that if you leave, the lettuce
you planted will wilt,
and so will a Chicana poet
with whom you fell in love.

23

El amor que nos tenemos
no tan fácil lo olvidamos,
si la migra nos separa,
nosotros nos encontramos.

23

The love we have
isn't easily forgotten,
if la migra separates us,
we will soon reunite.

24

Al llegar la primavera
estos campos reverdecen,
cuando llegas tú a mi casa
mis sentimientos florecen.

24

When spring arrives
these fields grow green again,
when you come to my house
my feelings blossom.

25

Todos los días contigo
son domingo en mi memoria,
y todas las noches juntos
serán Sábado de Gloria.

25

All days with you
are Sunday in my memory,
and all our nights together
will be Hallelujah Saturday.

26

Moreno lindo moreno
si tú no sabes, te enseño,
verás que con lo que aprendes
hasta se te espanta el sueño.

26

Dark one, lovely dark one,
if you don't know I'll teach you,
you'll see that what you learn
will keep you awake all night.

27

¿Quién te enseñó a besar
con esa boca tan loca
que tanta pasión provoca?

27

Who taught you how to kiss
with that crazy mouth
that sparks such passion?

28

Qué bonito cuando llueve
suena la lluvia en el techo,
toda la noche escuchando
el ritmo de nuestro lecho.

28

How pleasant when it rains,
the rain tapping on our roof,
all night long we listen
to the rhythm from our bed.

29

Tus manos de guitarrista
están nomás toca y toca;
ay, si me sigues tocando
vas a volverme loca.

29

Your guitarist hands
keep on playing and playing,
ay, if you continue playing me
you're going to drive me crazy.

30

Hombre de manos finas,
mi corazón te daría,
si lo que haces de noche
también lo hicieras de día.

30

Man of gentle hands
I would give you my heart,
if you would also do in the day
what you do after dark.

31

Eres un bosque salvaje,
frondoso, húmedo y verde,
entre tus ramas y ríos
cómo quisiera perderme.

31

You are a wild forest,
luxuriant, humid and green,
among your branches and rivers
I would like to lose myself.

32

Me acuerdo de aquella noche,
la luna nos alumbraba
por una ventana abierta
un rosal nos perfumaba,
para gozar la fragancia
tu cuerpo moreno besaba.

32

I remember that night
how the moon lighted us,
through an open window
a rosebush perfumed us,
to enjoy the fragrance
I kissed your dark body.

33

Quiero ver cuando amanezca
el sol en tu faz morena,
y cuando caiga la noche
en tu cuerpo luna llena.

33

I want to see at sunrise
the sun on your dark face,
and when night falls,
the full moon on your body.

34

Con tu calor y tu ritmo
cuánto me has hecho gozar,
tienes el sol en tus manos
y en tus caderas el mar.

35

Moreno de sol bronceado
tus mares he compartido,
cómo te gustan las olas
y a mí marearme contigo.

34

With your warmth and your rhythm
you've brought me so much joy,
you have the sun in your hands
and in your hips the sea.

35

Dark one bronzed by the sun
I have shared your seas,
how you love the waves
and I to be sea-swayed.

36

El agua está alborotada,
toda la playa se alegra,
cada vez que me acaricias
la luna enciende las piedras.

37

La luna llena la luna,
la piel la arena calienta,
sube la marea sube,
ola tras ola revienta.

36

The water is aroused,
all the beach rejoices,
each time you caress me
the moon lights up the rocks.

37

Moon, the full moon,
our skin warms the sand,
the tide rises, rises,
wave after wave breaks.

38

Luna lunera lunita,
qué noche de mar tan rica,
tus caderas con su ritmo
y las olas con su rima.

38

Moon of the moon sweet moon,
what a pleasant sea night,
your hips with their rhythm
and the waves with their rhyme.

39

Sigamos la danza, los cantos,
las flautas y los tambores,
como decían los nahuas,
que no se marchiten las flores.

39

Let's continue the dance, the songs,
the drums and the flutes,
as the Nahuas used to say,
may the flowers never wilt.

Oyendo voces

Inés y su tumba la la la
                tumba la le le
Federico, su lunada y su lutodo
Antonio, sus caminos y sus fuentes
Pablo y sus rocas que suspiran
César y su cerebro despeinado
las flores florecientes de los nahuas
Rosalía con su guitarra y sin ella
sin su sonrisa y con ella
el michoacano que me dio una canción en cada beso
el que se escapó de la migra
los que no se escaparon
los que se pierden en los cerros
los que se pierden en las ciudades
los que se encuentran
los copleros folklóricos
los copleros comprometidos
los copleros enamorados
las coplas de La Llorona
las copleras anónimas
sus ánimas

Hearing voices

Inés and her tumba la la la
tumba la le le
Federico, his moonlight and his moondark
Antonio, his roads and his fountains
Pablo with his sighing rocks
César with his uncombed brain
the blooming flowers of the Nahuas
Rosalía with her guitar and without it
without her smile and with it
the michoacano who gave me a song in each kiss
the one who escaped la migra
the ones who didn't escape
the ones who get lost in the hills
the ones who get lost in the cities
the ones who find themselves
the folk singers
the engaged singers
the love-struck singers
the coplas of La Llorona
the anonymous female singers
their spirits

40

Si la llorona estuviera
todo el tiempo bien callada,
no hay persona que dijera
que es una mujer malvada,
porque a través de los siglos
se han tomado por malas
a toditas las mujeres
que han dicho las cosas claras;
pero pase lo que pase
no hay que quedarse calladas,
porque al pez que se duerme
se lo lleva la fregada.

40

If la llorona were
always very quiet
no one would call her
an evil woman,
because throughout the ages
every woman who's spoken up
has been seen as wicked,
but come what may
women must not be silent
because the fish
that falls asleep
is taken for a ride.

41

Llorona de las tinieblas,
ay llorona ya no llores,
ya no derrames tu llanto,
ya vienen tiempos mejores.

41

Llorona of the darkness,
ay llorona, cry no more,
don't spill your tears,
better times are near.

42

La llorona, la llorona
ya se cansó de llorar,
por todo el mundo se escucha
su cantar de resistencia.

42

La llorona, la llorona
is weary of weeping,
everywhere you can hear her
singing resistance.

43

Llorona de la alborada,
corazón y manos fuertes,
trabajando en las fronteras
en la construcción de puentes.

43

Llorona of the dawn,
of strong hands and heart,
working at the borders
building bridges.

Acknowledgments, *continued*

Vous avez dit Chicano. Bordeaux, France: Maison des Sciences de l'Homme d'Aquitaine, 1993.

Sotto il Quinto Sole. Florence, Italy: Passigli Editori, 1990.

Borderlands, California. 1987.

The Line: Essays on Mexican/American Border Literature. Calexico, CA: Binational Press, 1987.

Xismearte. Los Angeles, CA, 1984.

Literatura fronteriza. San Diego, CA: Maize Press, 1982.

La Opinión. Los Angeles, CA, 1981.